¿A dónde va Princesa Milena por primera vez?

Libro ilustrado para ayudar a los niños pequeños superar sus temores

Diana Baker

Copyright © 2017 Diana Baker

Copyright © 2017 Editorial Imagen.
Córdoba, Argentina

Editorialimagen.com
All rights reserved.

Todos los derechos reservados. Ninguna parte de este libro puede ser reproducida por cualquier medio (incluido electrónico, mecánico u otro, como ser fotocopia, grabación o cualquier sistema de almacenamiento o reproducción de información) sin el permiso escrito del autor, a excepción de porciones breves citadas con fines de revisión.

Graphics by FreeVectors.com,
Imágenes Created by Freepik (Terdpongvector - Freepik.com; Kjpargeter - Freepik.com; Kstudio - Freepik.com; Brgfx - Freepik.com; Vectorpocket - Freepik.com)

CATEGORÍA: Temas Sociales: Emociones y Sentimientos

Impreso en los Estados Unidos de América

ISBN-13: 978-1-64081-047-1

DEDICATORIA

Dedicado a la verdadera Milena, quien no sólo es princesa
sino que también es una Reina,
y cuyas experiencias han inspirado este librito.

Esta historia es sobre la Princesa Milena.

En verdad, Milena no es una princesa.

Es una niña igual que tú, de pelo castaño ondulado y ojos grises.

A todas las niñas les gusta creer que son princesas y a Milena también, así que la llamamos Princesa Milena.

¿Quieres conocerla? ... ¿Sí?

Pues, ¡aquí está!

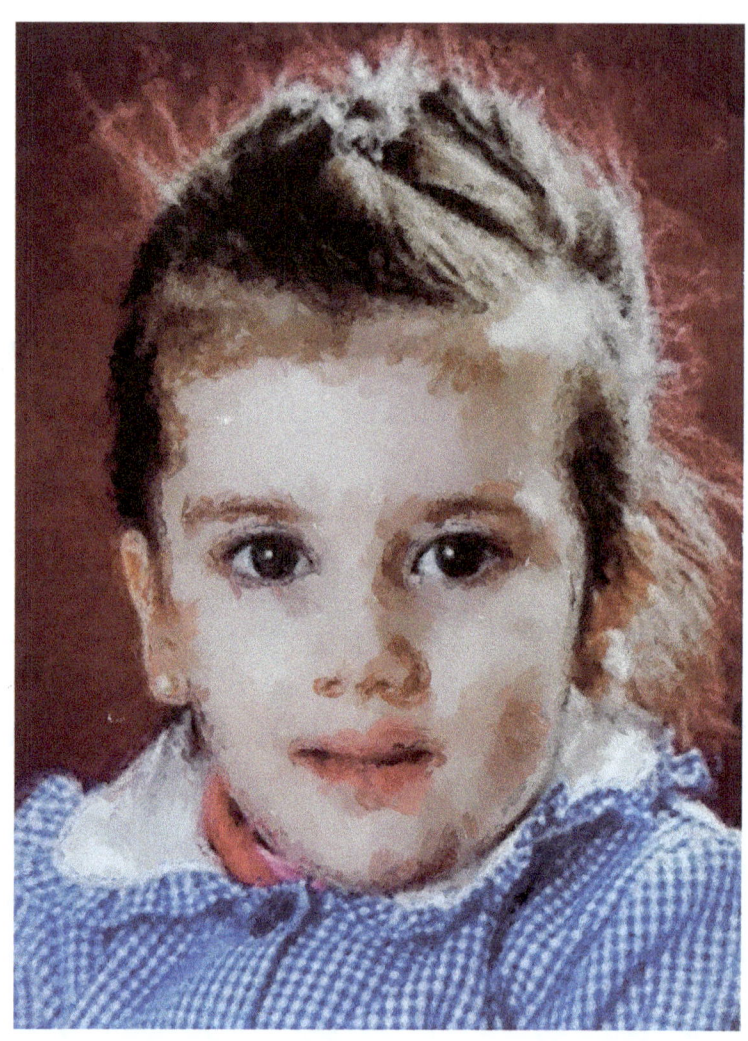

¿Verdad que es parecida a ti?

Y seguramente les gusta hacer las mismas cosas.

A Milena le gusta disfrazarse y ponerse un precioso vestido largo y llevar una coronita y un cetro como llevan todas las princesas.

Y luego a girar y girar para que se destaque ese vestido tan especial.

Ahora te cuento lo que le pasó hace poco.

Resulta que hacía mucho tiempo que en la familia de Milena se estaban preparando para este día tan especial. Por primera vez Milena iba a hacer algo que nunca antes había hecho. Iba a hacer algo nuevo. ¿Puedes adivinarlo?

Será ... mmmm... ¿probar una comida nueva?... No, frío.

Puede ser ... ¿ viajar a un lugar nuevo? ... No, frío.

¡Ya sé! ... ¿Intentar un juego nuevo? ... No, no ...

... frío frío.

A ver si adivinas si te doy unas pistas ... mmmm ... vamos a ver.

Es un lugar nuevo donde nunca antes ha ido Milena ...

no está lejos de su casa ...

van también otros niños como ella ...

debe ponerse un guardapolvo como los demás niños.

Creo que ya adivinaste ... ¡eres muy inteligente!

¡Sí! ... ¡ya lo sabes!

¡Milena empieza hoy la escuela!

Bueno, no es exactamente la escuela.

Milena aún es algo pequeña y empieza el Jardín de Infantes o el Kindergarten que es para los niños que aún no cumplen los 5 añitos.

En el Jardín de Infantes se aprenden muchas cosas nuevas pero también hay tiempo para jugar y hacer muchos amigos.

No es fácil ir a la escuela por primera vez y se deben hacer bastantes preparativos.

Milena aquí está con su papá.

Pero Milena no parece estar muy contenta, ¿verdad?

Está seria y pensativa.

Muchas veces los niños – y los grandes también – tienen miedo a las cosas que no conocen. Y Milena estaba un poco preocupada porque no sabía cómo era el Jardín de Infantes.

Le preocupaba cómo serían las maestras …

   … le preocupaba si iba a poder hacer las cosas que le pedían hacer…

      … le preocupaba si encontraría alguna otra niña con la cual hacerse amiga o si se quedaría sola …

         … pero sobre todo no le gustaba la idea de tener que estar fuera de casa solita … ella estaba acostumbrada a estar siempre con la mamá o el papá … ¡pero ahora por primera vez debía hacer algo solita, solita!

- Milena, no debes preocuparte - le dijo la mamá, y el papá también.

– Estamos seguros que te va a gustar mucho ir al Jardín. Las maestras son muuuuy buenas y te ayudarán en todo.

La mamá le continuó diciendo:

- Y sabemos que vas a hacer nuevos amiguitos porque todos los niños son como tú, de tu misma edad.

Y ¿sabes una cosa? Esto te va a alegrar mucho …

… ¡En el Jardín te vas a encontrar con tu primito, Mateo!

Sí, él estará contigo todo el tiempo así que puedes jugar con él.

- Y además, - dijo la mamá - no debes preocuparte porque en verdad nunca estás sola – porque hay Alguien que te acompaña dondequiera que vayas y siempre te cuida ...

... claro, ¡es tu amigo Jesús!

Con Jesús estás segura siempre.

- Milena, Jesús te quiere tanto que te va a ayudar en todas las cosas. Así que puedes estar tranquila y feliz y disfrutar todas las cosas nuevas que vas a experimentar en el Jardín. Es como una gran aventura pero no lo haces sola.

-Gracias, Mami, por decirme cosas tan lindas – dijo Milena.
– Creo que me va a gustar ir al Jardín y hacer cosas nuevas.

Y así ha llegado el gran día.

¡El primer día en el Jardín de Infantes!

Y Milena se ha despertado con una sonrisa grande.

¿Qué le esperará hoy?

Fue corriendo para mirarse en el espejo con su guardapolvo celeste con un voladito blanco en el cuello.

¡Qué bonita que está! ¿Verdad?

Le pusieron su mochilita de color naranja en la espalda y, tomada de la mano de la mamá y también del papá, los tres salieron de casa rumbo al Jardín de Infantes.

Cuando llegaron las maestras la recibieron con una gran sonrisa y un beso.

También Milena pudo ver que había otros niños pequeños como ella y también estaban con sus padres. Y después lo vio a Mateo y corrió para estar con él.

Milena descubrió que era muy entretenido estar en el Jardín y aprender cosas nuevas y en verdad lo disfrutó muchísimo.

Pasó el tiempo rápido y ya pronto se hizo la hora de volver a casa. Milena salió corriendo con los otros niños a encontrarse con su mamá que la estaba esperando.

Le dijo a la mamá:- ¡Qué bien que la pasé, Mami! ¡Me divertí mucho!

- Cuánto me alegro – contestó su madre – yo ya sabía que te gustaría. Cuéntame todo lo que hiciste.

Y Milena se puso a contar...

-Mami, me pusieron una nariz roja como un payaso y a todos los niños también.

Nos reímos mucho y era gracioso. Jugamos a ser payasos.

-Después me senté en una mesita y jugué con un pollito amarillo ...

...y un pajarito color rosa.

Luego nos sentamos en una mesa larga y vinieron a traernos la merienda y tomamos un vaso de leche chocolatada con unas galletas.

La nenita a mi lado me mostró cómo se pone la galleta en la leche y luego se come, y así es más rica.

- ¿Y te lo comiste todo? – preguntó la mamá.

- Sí. Todo todito porque estaba muy sabroso – le contestó Milena.

- Y ¿qué hiciste después, Milena? Veo que lo has pasado muy bien.

- Mateo jugaba con un avión color azul...

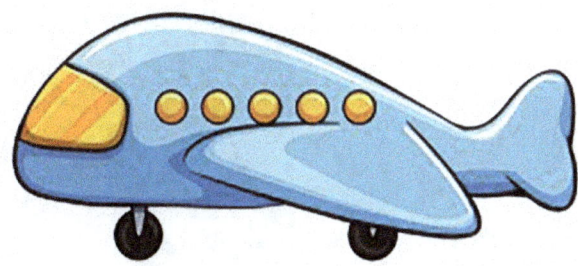

...y un coche color rojo...

...y a veces Mateo venía a mi lado ...

...y entonces me prestaba su coche rojo para que jugara con él también.

- Los otros niños también tenían un juguete…y jugamos un rato…

- Jugué con una niña y formamos un trencito por el aula. Yo la seguía a ella y ella me mostraba todos los lugares.

También había aros grandes de colores y la maestra me enseñó cómo unirlos y formar una tira larga y luego jugamos con ellos.

- Luego nos sentamos en el piso, todos alrededor de la maestra ...

...y nos contó un cuento

..........de dos conejitos.

- También hice un dibujo con crayones y pinturas. Nos pintamos las manos de colores y era divertido. Y la maestra lo pegó en la pared.

- Más tarde salimos al patio a jugar...

...y con Mateo ...

... nos metimos en una casita chiquitita y entonces saludamos a todos por la ventana y nos reíamos y nos divertíamos porque nos gusta jugar.

- ¡Cuántas cosas lindas has hecho, Milena! – dijo maravillada la mamá.

- Sí, Mami. Y, ¿sabes una cosa? ...

¡Me gusta ir a la escuela!

Milena siguió contándole a la mamá:

-Me gusta aprender cosas nuevas que me enseñan las maestras y tener amiguitos nuevos y jugar. Sabes, mami, ¡voy a ser una alumna excelente y voy a ser inteligente como tú!

Y así terminó el primer día de la escuela para Milena.

Descubrió que no estaba sola y que sus preocupaciones no se hicieron realidad y que al contrario, fue un día grandioso y feliz.

Se le ha abierto un mundo nuevo lleno de colores y juegos y amigos y maestras y ya en cualquier momento podrá tener una nueva aventura.

Ya no está preocupada ni tiene miedo porque sabe que vivirá cosas nuevas pero maravillosas que le ayudarán en esto que se llama la escuela de la vida.

FIN

Estimado Lector:

Nos interesan mucho tus comentarios y opiniones sobre esta obra.

Puedes escribirnos por correo electrónico a la siguiente dirección: **info@editorialimagen.com.**

Si deseas más libros puedes visitar el sitio de Editorial Imagen en la siguiente dirección web: **Editorialimagen.com**

Allí podrás ver los nuevos títulos disponibles y aprovechar los descuentos y precios especiales que publicamos cada semana.

Allí mismo puedes contactarnos directamente si tienes dudas, preguntas o cualquier sugerencia. ¡Esperamos saber de ti!

No te pierdas otros libros de Editorial Imagen

Esteban Vence sus Miedos y Conoce al Mejor Súper Héroe

Este libro ilustrado a color relata varias aventuras del pequeño Esteban, a quien le gusta jugar y divertirse con sus hermanos. En una oscura noche, el miedo se apoderó de él, pero luego conoció a alguien que cambió su vida para siempre, conoció al mejor Súper Héroe, ¡uno real! Descubre tú mismo de quién se trata.

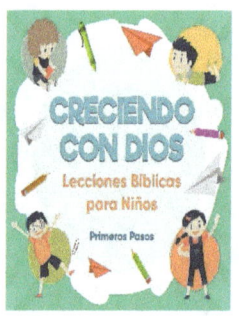

Creciendo con Dios – Lecciones bíblicas para niños

En este libro de lecciones bíblicas el niño podrá aprender los cinco escalones de la salvación, quién es Dios, qué es la Biblia y el camino hacia la victoria espiritual. Contiene dibujos para colorear y textos bíblicos para facilitar el aprendizaje.

Amigo de Dios - Descubre cómo ser amigo de Dios a través de historias ilustradas dinámicas y divertidas.

Además de las historias este libro de dibujos para colorear contiene historias bíblicas tales como "El Tesoro Escondido", basada en Mateo 5 y un cuento para niños sobre el valor de ser generoso: "Regalos del Corazón."

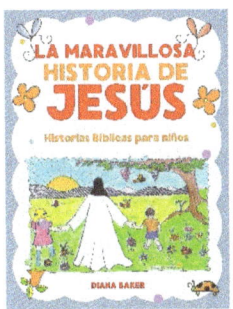

La Maravillosa Historia de Jesús – Relatado para niños de 6 a 12 años.

Se especifican los mayores sucesos de Su vida y Sus principales enseñanzas con el objetivo que el niño llegue a amar a Jesús y tener una relación personal con Él. La vida de Jesús está escrita en orden cronológico. Incluye un mapa señalando los lugares donde estuvo Jesús. Contiene 22 dibujos para colorear.

Milena - La Princesita Viajera

Este libro ilustrado a color cuenta varias aventuras de Milena, una niña a la que le encanta viajar por el mundo. De la serie Cuentos para Niños, este libro es perfecto para aquellos padres que buscan cuentos infantiles ilustrados para los más pequeños.

Mi Amigo Extraterrestre – Un cuento para niños juguetones

Este libro ilustrado a color relata una de las tantas aventuras de Tomás. Luego de un día agitado, Tomás decide leer un libro, cuando de repente recibe una visita inesperada. Lo que sigue son más aventuras y sorpresas que ayudan a que Tomás se dé cuenta de algo muy importante al final.

Mi Primer Libro de Lectura - Lectura Inicial para Niños que Desean Aprender a Leer

Para aquellos niños que han dominado el alfabeto El contenido educará al niño sobre los principales temas de nuestra sociedad: la familia, el trabajo, los valores morales, ética ciudadana, el medio ambiente y otros temas.

Actividades Didácticas para Niños – Juegos y actividades para niños de entre 3 a 5 años de edad.

Más de 40 páginas de diversión y aprendizaje a todo color. También, páginas para colorear, unir con flechas, encontrar el personaje sin pareja, laberintos, encontrar los objetos y mucho más. Acompaña el aprendizaje de los más pequeños con actividades para ejercitar la observación, la motricidad fina y la atención.

www.ingramcontent.com/pod-product-compliance
Lightning Source LLC
LaVergne TN
LVHW081546060526
838200LV00048B/2234